Sistema Integrado para la prevención, intervención y represión de pandillas
por Fredy L. Martinez

Tabla de Contenido

1. Introducción
2. Un modelo integral entendido como un sistema integral antipandillas.
2.1. Cambio y desarrollo Organizacional (Coordinación)
2.2. Generar y dar oportunidades (Prevención)
2.3. Realizar intervenciones sociales (Intervención)
2.4. Reprimir las pandillas (Represión)
3. La implementación del 'modelo anti-pandillas' en tanto como un 'sistema anti-pandillas'.
4. Las etapas del cambio (dejar de ser pandillero)
5. Programas efectivos sugeridos. (Lista de programas y actividades que se ha comprobado, dan resultado.)
6. Ejemplo de un plan integral
6.1. Coordinación
6.2. Prevención
6.3. Intervención
6.4. Represión y Reinserción
7. Recursos disponibles
8. Acerca del autor
9. Bibliografía

1. Introducción

La intervención y prevención de pandillas ha evolucionado significativamente en la última década. En décadas anteriores, todos los asuntos relacionados a la actividad de pandillas eran principalmente solucionados con represión, con uso de la fuerza policial y encarcelamiento.

La cantidad de iniciativas para prevenir e intervenir las pandillas era limitadas a asuntos recreativos y a actividades realizadas por grupos e instituciones religiosas. Con el tiempo varios factores condujeron a que la actividad criminal de las pandillas evolucionara, algunos de ellos estuvieron relacionados con la evolución de la tecnología, las crisis económicas de los noventas y la más reciente crisis económica del 2008, además de subsecuentes problemas asociados a la guerra contra las drogas, el incremento del problema migratorio, y la sobrepoblación en zonas urbanas.

Las actividades criminales de las pandillas pasaron de ser incidentes de escala local y concentrados en algunos barrios, asociados a territorialidad; a ser problemas de tipo regional, conectados al tráfico de drogas auspiciados por carteles de tráfico y ejecutando crímenes transnacionales.

Entre 2009 y el 2013 el FBI y muchas otras agencias realizaron varias evaluaciones sobre la actividad del crimen pandillero y los resultados de dichas evaluaciones condujeron a reconocer la magnitud del problema. Las evaluaciones realizadas condujeron a la conclusión y recomendaciones para implementar estrategias más integrales que redujeran la actividad de las pandillas.

En respuesta a esta realidad, varias municipalidades e instituciones participaron en un programa patrocinado por la Oficina para la Justicia Juvenil y la Prevención de la delincuencia (OJJDP) de Estados Unidos con el propósito de desarrollar un modelo que diera respuesta como efectivamente reducir la criminalidad generada por las pandillas y a su vez incrementara los servicios para atender a la población involucrada en estas actividades y comportamientos.

Este documento ofrece un conciso resumen acerca del modelo integral para la prevención e intervención de pandillas creado por OJJDP el que incluye mi acercamiento personal a la implementación del *modelo* en términos de un *sistema*.

Este documento ofrece una aproximación a la implementación del *modelo* de OJJDP en términos de un *sistema* para prevenir e intervenir el crimen generado por la actividad de las pandillas.

El documento describe los componentes y los factores involucrados y explica cómo estos están conectados y funcionan entre sí y como han de entenderse en tanto como un *sistema*.

Es decir, un *sistema* que reacciona y responde integralmente a los problemas como una unidad y aprende de su propio funcionamiento. Para ello se requiere un cambio en la percepción de cómo funciona el modelo.

En este caso, sugiero que el *modelo* sea llamado *sistema* y que la percepción cambie de ser una estructura estática que tiene partes para ser un sistema que es dinámico y que tiene procesos.

El sistema integral para prevenir e intervenir las pandillas en una ciudad ha de ser un sistema que sea inteligente y aprenda de sus propios resultados.

Un sistema que responda a los problemas en tiempo real y en el que el equipo interdisciplinario que lo lidera tenga capacidad de decisión y esté disponible a comunicarse usando herramientas de comunicación instantánea (en lugar de espera a discutir temas urgentes en reuniones cada cierto tiempo con una agenda). Por ejemplo, usando herramientas como aplicaciones y colaboración online.

Además de tener un ciclo de programa anual para trabajar, el cual combine la discusión de temas emergentes y urgentes según una agenda anual de trabajo que permita tener un norte y revise el propio desempeño del sistema mismo.

También es de resaltar que las actividades de *represión* en el sistema requieren ir más allá de arrestar y poner en prisión a criminales. La *represión* a servir para colectar información y además fortalecer la conexión con vecinos, líderes comunitarios y jóvenes en las escuelas. Por ello arrestar e investigar y construir comunidad ha de ser un ejercicio complementario liderado por la policía. El modelo que integra estos factores es el modelo de *Policía Comunitaria*.

Este documento esencialmente resume el modelo creado por OJJDP e incluye sugerencias para implementarlo en tanto como un sistema para combatir el crimen de pandillas desde cualquier localidad. En la realización de este documento varias fuentes fueron consultadas que están referidas al final del libro.

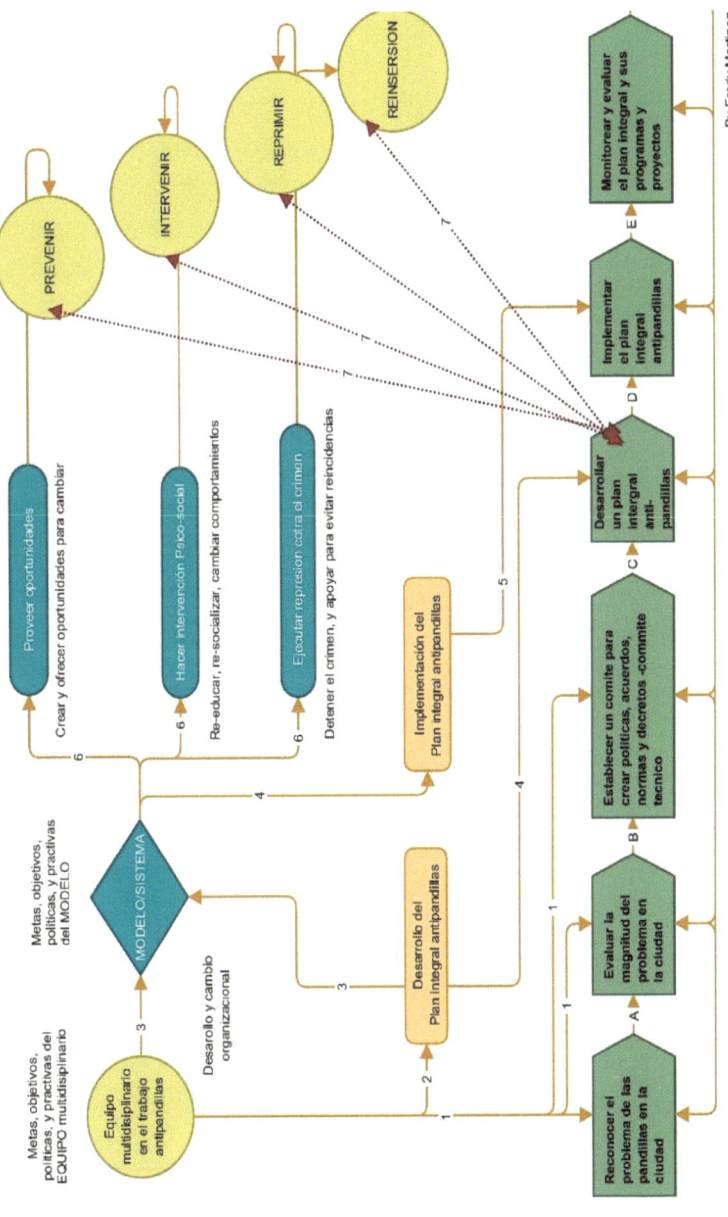

Metas, objetivos, políticas, y practivas del EQUIPO multidisiplinario

Equipo multidisiplinario en el trabajo antipandillas

Desarollo y cambio organizacional

MODELO/SISTEMA

Metas, objetivos, políticas, y practivas del MODELO

PREVENIR

Proveer oportunidades

Crear y ofrecer oportunidades para cambiar

INTERVENIR

Hacer intervención Psico-social

Re-educar, re-socializar, cambiar comportamientos

REPRIMIR

Ejecutar represión cotra el crimen

Detener el crimen, y apoyar para evitar reincidencias

REINSERSION

Desarrollo del Plan integral antipandillas

Implementación del Plan integral antipandillas

Reconocer el problema de las pandillas en la ciudad

Evaluar la magnitud del problema en la ciudad

Establecer un comite para crear politicas, acuerdos, normas y decretos -comite tecnico

Desarrollar un plan intergral anti-pandillas

Implementar el plan integral antipandillas

Monitorear y evaluar el plan integral y sus programas y proyectos

A   B   C   D   E

By Fredy Martinez

La imagen muestra los componentes o factores involucrados en el modelo y como están relacionados entre sí.

La implementación del modelo es presentada en 6 pasos (A, B, C, D, E, F ver gráfico anterior). Una vez el paso final es alcanzado; del mismo se produce información que retroalimenta el reconocimiento y entendimiento de tamaño de problema de pandillas en la ciudad o localidad y las acciones a realizar y mejorar.

En relación a los componentes/factores involucrados, el modelo hace énfasis en la importancia de alinear los objetivos y metas del equipo multidisciplinario con los objetivos y metas del 'sistema' integral para hacerle frente al problema de las pandillas.

El plan integral incluye:

-Ofrecer y poner a disposición de la población que está en alto riesgo de caer en pandillas, oportunidades para evitar que sean reclutados por las pandillas (prevención).

-Al mismo tiempo: el plan integral también incluye iniciativas para reeducar y re-socializar a los jóvenes que ya están siendo parte de las pandillas (intervención).

-Simultáneamente, el plan también incluye iniciativas de aplicación de la fuerza pública para detener, arrestar y sacar de las comunidades aquellos sujetos que cometen crímenes relacionados a pandillas –el propósito consiste en eliminar su influencia en otros jóvenes- (represión).

- A la misma vez, el plan incluye proveer apoyo a aquellos quienes salen de prisión y cárceles. En relación a esto, se realizan iniciativas para evitar que jóvenes reincidan en sus comportamientos y puedan insertarse en la sociedad y las comunidades en tanto como ciudadanos reeducados. El apoyo se da a quienes se reeducaron y resocializaron para evitar que recaigan en viejos comportamientos.

En este sentido la implementación consiste en la realización de iniciativas (estrategias, programas y actividades) en cuatro frentes de manera simultánea: Prevención, intervención, represión, y reinserción y especialmente estos frentes de acción deben comunicarse entre sí hablando un mismo lenguaje.

Lo ideal sería que entre si tengan un mismo software en el que a modo de base de datos (cada caso con un código, y con sus respectivas notas y con sus servicios prestados. Cada caso puede ser consultado en status legal y de servicios además de datos demográficos y notas de progreso que son escritas por los profesionales que trabajan en cada frente.)

Esta base de datos le da al sistema su peculiaridad de proceso y los profesionales podrán hacer trabajo y seguimiento al progreso de cada caso a medida que el caso progresa dentro del sistema.

'Indivituciones' es una palabra que he creado para referirme a conjunto de individuos/grupos, e /instituciones que participan en la planeación, implementación, ejecución y evaluación del plan integral tanto como agentes que lideran el plan como quienes lo implementan y realizan en la práctica diaria.

Una vez el equipo interdisciplinario es conformado (es condición necesaria que quienes hagan parte del equipo tengan capacidad de decisión (es decir, poder y autoridad fiscal y administrativa) para ejecutar el plan y realizar ajustes cuando se necesiten.

2. Un modelo integral entendido como un sistema integral antipandillas

La Oficina de Justicia Juvenil y Prevención de la Delincuencia (OJJDP) -en Estados Unidos- desarrolló un modelo comprensivo para prevenir, e intervenir la violencia generada por las pandillas. Este modelo está basado en 5 estrategias principales:

1-Movilización comunitaria.
2-Ofrecer (proveer) oportunidades
3-Realizar Intervención social
4-Ejecurar acciones de Represión
5-Promoved e implementar cambio y desarrollo organizacional

El modelo desarrollado por OJJDP indica que estas estrategias están para ser realizadas por medio de un trabajo coordinado entre individuos, grupos o instituciones (en este documento: 'Indivituciones').

Cada 'Indivitucion' tiene un nombre, es una institución específica o es un grupo específico que participan en el proceso. De hecho, son las acciones y las comunicaciones que estos 'indivituciones' realizan entre si lo que hace posible el modelo.

Por ejemplo:
-Organizaciones de base comunitaria
-Grupos
-Individuos
-Instituciones
-Comunidades
-Barrios
-Residentes

-Padres

-Jóvenes

Cada indivitución se comunica y provee información. Una indivitución es un *factor animado* (sujetos) que hace parte del proceso, contrario a las estrategias del proceso que son un *factor no-animado* (abstractos) y estos son solo guías de acción que han de ser realizadas por parte de las indivituciones.

Para implementar el modelo se necesita entenderlo en tanto como un un proceso inteligente. Esto consiste en pasar del paradigma de un *MODELO* a un *SISTEMA* en el que la **prevención** y la **intervención** y la **Represión** sean un proceso integrado.

En un sistema hay 3 pasos: entrada – Proceso – producto/resultado. En este caso un joven que está en condición de alto riesgo *entra* al sistema de prevención, intervención y represión/reinserción (es registrado en el 'software' de servicios psicosociales al que cada indivitución tendría acceso). Y una vez dentro experiencia procesos y participa de los mismos ya bien sea de prevención, intervención o represión.

A través de esta red de actividades y servicios el joven ha de dejar su actividad pandillera y bajara su condición de alto riesgo. (una red que se comunica entre sí y comparte información-*proceso*-.)

Entonces como resultado del dicho proceso los jóvenes abandonan la pandilla y o su asociación con ellas. Dicho *resultado* se puede medir por medio de las etapas de progresión de cambio que se describen en el capítulo más adelanté.

Es decir, cada joven tendría un perfil de ingreso al sistema y cuando demuestre cambios psicosociales entonces alcanzará el perfil necesario para poder egresar fuera del sistema. Ingreso – egreso.

Por lo tanto, habría jóvenes egresados del proceso. Es decir, hay un 'perfil del egresado' que sirve como parámetro para medir el cambio.

El resultado es entonces un joven rehabilitado, reeducado y resocializado o removido de la sociedad (encarcelado).

Respecto de los esfuerzos de reprimir la actividad de pandillas, dichas actividades son parte en un *sistema integral de prevención, intervención y represión de las pandillas*, es decir, no son actividades aisladas.

El *sistema integral de prevención, intervención y represión de las pandillas* es un sistema que actúa en tiempo real en el que todas las partes entre sí se comunican, comparten información, coordinan y hablan el mismo lenguaje del cambio. Y en tanto como una unidad reacciona como un sistema integrado siguiendo las estrategias.

El OJJDP sugiere que, para implementar el modelo, es necesario estrategias organizacionales como tener un comité directivo, que se reúne frecuentemente para:
-Definir el tamaño y grado del problema de pandillaje
-Desarrollar un plan que responda al problema
-Implementar ese plan, y subsecuentes programas y proyectos.

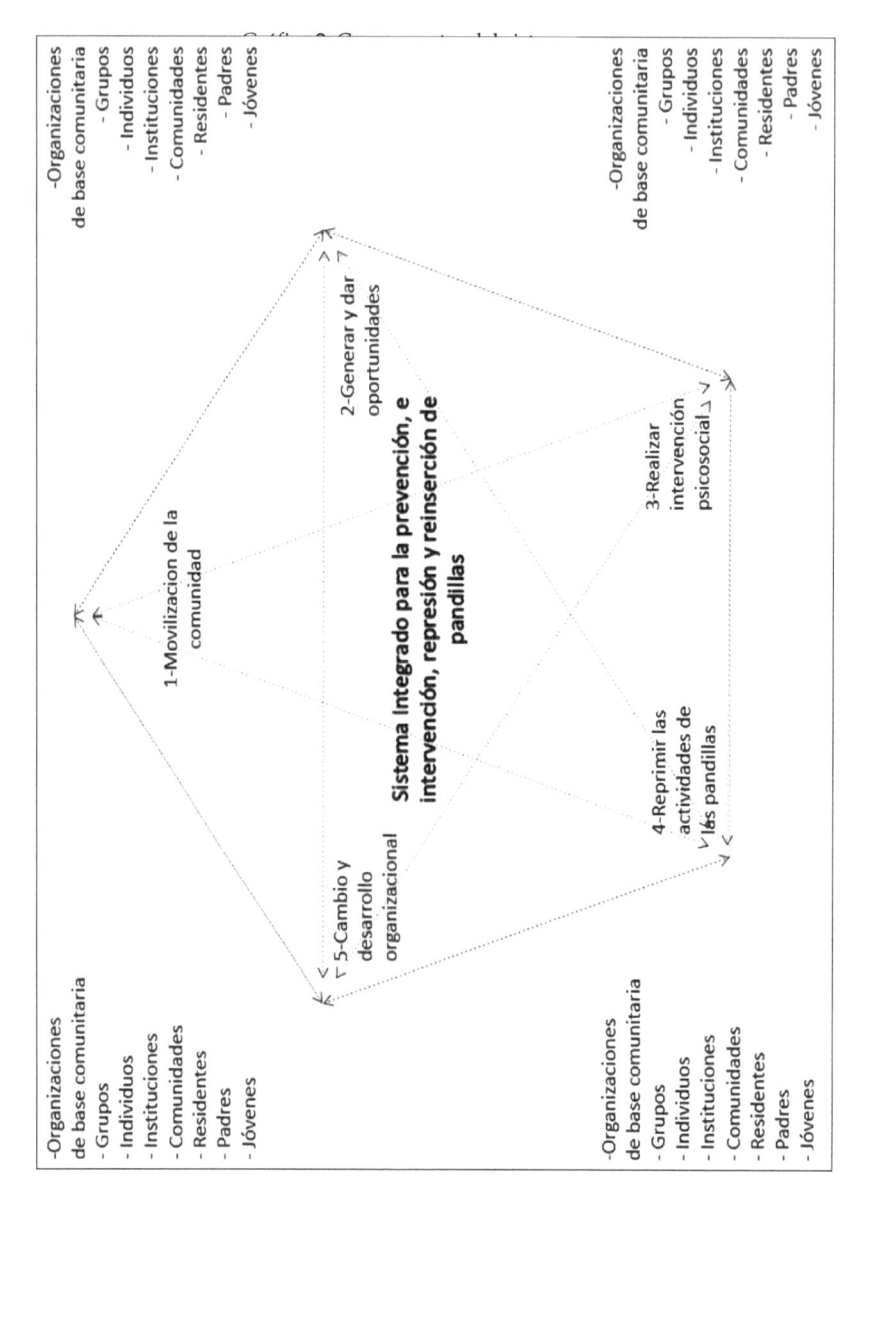

Gráfico 2 Componentes del sistema

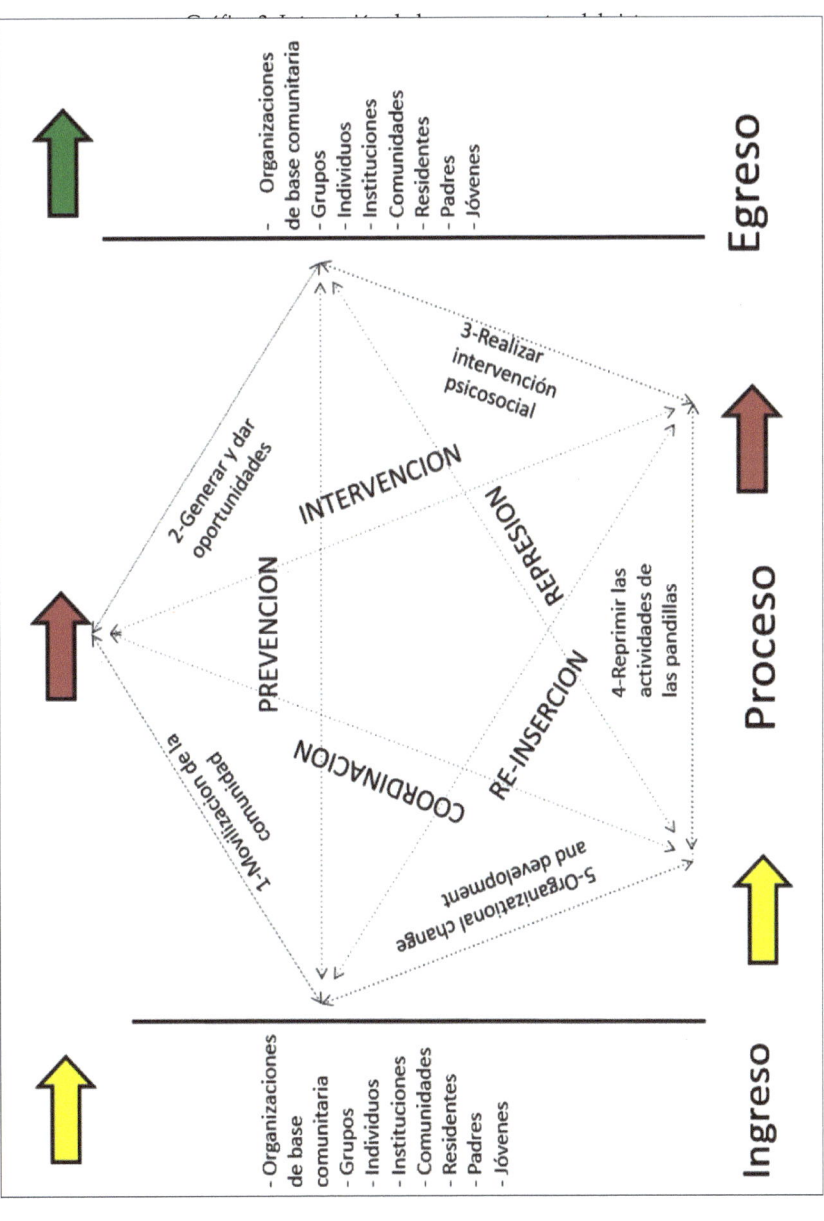

Gráfico 3. Integración del sistema orgánico del sistema

Egreso

- Organizaciones de base comunitaria
- Grupos
- Individuos
- Instituciones
- Comunidades
- Residentes
- Padres
- Jóvenes

3-Realizar intervención psicosocial

2-Generar y dar oportunidades

INTERVENCION

REPRESION

PREVENCION

4-Reprimir las actividades de las pandillas

RE-INSERCION

COORDINACION

1-Movilización de la comunidad

5-Organizational change and development

Proceso

Ingreso

- Organizaciones de base comunitaria
- Grupos
- Individuos
- Instituciones
- Comunidades
- Residentes
- Padres
- Jóvenes

2.1. Cambio y desarrollo Organizacional (Coordinación)

La oficina de OJJDP en Estados Unidos, indica que el cambio y el desarrollo organizacional es el componente que trata sobre elaborar y crear objetivos, las metas, las políticas y prácticas que estén alienadas y sean congruentes entre sí.

En relación a esto, las agencias y las organizaciones (indivituciones) necesitan ajustar sus metas y objetivos. Este ajuste, se entiende como el cambio y el desarrollo que cada una de estar organizaciones necesita tener para poder lograr la alineación y la integración de un sistema que sea integral y complementario el uno con el otro.

Al mismo tiempo estas metas, objetivos, y políticas que son alineadas deben ser en sí mismas inclusivas y orientadas a la comunidad, en el caso en que las actuales metas, objetivos y políticas no lo estén al momento de iniciar el proceso para implementar el modelo.

Además, la colaboración entre las instituciones es esencial para lograr el éxito en reducir el crimen generado por las pandillas.

De hecho, más que implementar el modelo (que en sí mismo resalta la importancia de un cambio y un desarrollo organizacional) lo que es necesitado es implementar un sistema que alimente y apoye el cambio organizacional y el desarrollo de las organizaciones participantes de este proceso colaborativo.

En consecuencia, para apoyar la creación de un sistema antipandillas en la ciudad cualquiera que sea, es necesario que todas las partes estén involucradas colaboren entre sí, se conozcan las unas a las otras, que confíen las unas con las otras, y que realicen un trabajo que apoye y asista el desarrollo mutuo. Esto ha de hacerse en tiempo real en el mismo momento en que la oportunidad y los retos aparezcan.

El equipo multidisciplinario necesita que sea conformados con miembros que tengan capacidad de decisión y que entre ellos se desarrolle un ambiente de confianza y cooperación de los unos con los otros.

Por esta razón, es importante apoyar e impulsar capacitaciones y entrenamiento en áreas que se necesiten y que estimulen a su vez la creación de un ambiente de confianza y cohesión alrededor de la misión del equipo.

2.2. Generar y dar oportunidades (Prevención)

El OJJDP aconseja que los jóvenes involucrados en pandillas o que manifiestan comportamientos violentos necesitan oportunidades para acceder a su educación, a capacitaciones y a tener un trabajo. Proveer dichas oportunidades es algo que necesita ser implementado a través de planes y estrategias.

Los planes y estrategas son los factores que despejan el camino para poder ayudar a los jóvenes en alto riesgo de estar en pandillas o que ya están en pandillas y lograr que ellos tengan acceso a trabajos, educación y entrenamiento.

Dichas estrategias si son implementadas de manera efectiva y eficiente ayudarán a los jóvenes a que tengan un ingreso, adquieran conocimiento e información y a desarrollar habilidades para ser exitosos.

Estos factores pueden solo ser implementados exitosamente si ellos están integrados con los servicios sociales que ofrece el gobierno a través de sus departamentos y secretarias, así como si están integrados con servicios que son ofrecidos por las 'indivituciones' como agencias comunitarias, y organizaciones de base en la comunidad. Servicios como:

-Salud mental (Terapia) y consejería (Individual y familiar)
-Procesos terapéuticos para tratamiento de abuso de substancias psicoactivas (En modalidad tanto individual como, grupal, incluyendo la familia).
-Validación de la educación primaria, secundaria y bachillerato.
-Tutorías académicas para complementar el rendimiento educativo.
-Educación técnica.

-Asistencia y mentorías para ayudar a conseguir trabajos y ubicación laborar.

Un ejemplo de programa exitoso es el crear *centros integrados de asistencia para los jóvenes en alto riesgo*. Dichos centros están equipados con profesionales y con computadores y materiales logísticos, un currículo de reeducación y terapeutas lúdicos. Los jóvenes que califican pueden ser admitidos en estos programas según su progreso de cambio.

Una vez ingresan en el *centro* los jóvenes en alto riesgo se benefician de un plan personalizado para lograr metas en varias áreas personales incluyendo: salud mental, relaciones sociales, educación, transporte, recreación, trabajo, salud física, asistencia legal, actividades culturales, apoyo en temas de uso de drogas y alcohol, relaciones familiares, y desarrollo personal.

En algunos programas los jóvenes incluso de pueden beneficiar de aprender algún oficio técnico con el que podrán en el futuro trabajar, incluso algunos programas tienen convenios con empresas que permiten a los jóvenes trabajar bajo tutores y empezar su experiencia laboral.

Si los factores educativos, de entrenamiento en habilidades técnicas y apoyo en recreación no se comunican con otras áreas como los servicios de salud mental y prevención en el uso de drogas y alcohol entonces el modelo deja de ser integrado y se torna en un modelo fragmentado.

Si este es caso, entonces un joven involucrado en pandillas o en alto riesgo de estar en pandillas tendrá dificultades para acceder a terapia y puede que no continúe con los servicios que empieza por que en alguna otra área tiene una gran limitante (por ejemplo, el área de transporte por que no puede llegar a citas y reuniones, o en el área educativa porque dice que atiende a la escuela, pero en realidad se va con los amigos).

Por esta razón es importante asegurar que los programas se comunican entre sí, de este modo ir a la escuela, estar en actividades recreativas o acceder a terapia una o dos veces por semana es algo que el sistema genera por que el ambiente sistémico lo permite.

Si el área de educación, entrenamiento, y trabajos no se comunican con otras áreas y servicios entonces la implementación del modelo se fragmenta. Si este es el caso, entonces los jóvenes que participen de este proceso tendrán dificultades y barreras para acceder a los servicios e incluso poder completarlos.

Cuando el sistema es fragmentado los programas muestran estadísticas de que los jóvenes participan en su respectivo programa, pero los datos de cuantos realmente terminan exitosamente el programa resultan diferentes.

En otras palabras, el modelo proveería los resultados, pero no el impacto esperado. Esta es otra razón por la que, más que implementar un *modelo* integral anti-pandillas, lo que es necesario es implementar un *sistema* integran anti-pandillas. Un sistema que intercambia información es más confiable que un modelo que ofrece servicios de manera fragmentada.

En un sistema para prevenir e intervenir el involucramiento de jóvenes en pandillas, lo que es importante recae en las interacciones entre cada servicio involucrado, no importa si el factor es una 'indivitución' o una estrategia o una acción-puntual-de-servicio.

Si el joven en alto riesgo está involucrado en un trabajo, en educación o en entrenamiento técnico las indivituciones han de hacer lo posible para tenga éxito especialmente intercambiando información.

Si el valor de intercambiar información es tenido en cuenta, entonces baja la cantidad de jóvenes que no terminan los programas.

2.3. Realizar intervenciones sociales (Intervención)

El factor correspondiente a la Intervención Social ha de ser facilitado por un equipo multidisciplinario (EM) que consiste el trabajo cooperativo de varias 'indivituciones'.

La agencia OJJDP en estados unidos le da importancia al EM, y lo ubica como el componente esencial en el trabajo para con jóvenes involucrados en pandillas.

En este documento, el EM más que ser un componente realmente es un factor (porque es más dinámico), el cual tiene un gran valor ya que son los encargados a nivel del ente territorial de implementar y proveer un trabajo efectivo y eficiente para hacer que el sistema sea integral y funcione.

El EM ha de comunicarse constantemente y trabajar colaborativamente para implementar el sistema integral antipandillas y los respectivos subsistemas de *intervención, prevención, represión* y *reinserción*.

Su alto valor está en el hecho de que está conformado por individuos de distintas disciplinas, y por el hecho de que el equipo es en sí mismo un espacio social para intercambiar información y por lo tanto para coordinar acciones y servicios. Los miembros de este equipo multidisciplinario incluyen:

*Oficiales de policía (fuerza pública)
*Profesores y maestros (Escuelas)
*Oficiales de la corte juvenil (Sistema Judicial)
*Trabajadores Sociales, y terapistas (Servicios sociales)
*Concejeros (Educadores de la calle que enganchan y motivan a los jóvenes miembros de pandillas y en alto riesgo a participar)

Respecto del concejero que trabaja enganchando y motivando jóvenes en los barrios, y sus hogares; su trabajo consiste en comunicarse cara a cara con los jóvenes pandilleros y de alto riesgo y motivarlos para que ingresen a los servicios que distintos programas ofrecen.

Dichos trabajadores sociales y concejeros son muy importantes y son un factor valioso porque ellos son conocidos por los jóvenes, sus padres, y los vecinos. Ellos alcanzan un contacto directo y con el consentimiento de ellos y sus familias y pueden acceder a información necesaria para mejorar la intervención, prevención, represión y reinserción.

Sus responsabilidades incluyen:

-Identificar las necesidades de los jóvenes en alto riego
-Identificar las metas y objetivos que los jóvenes de alto riesgo tienen
-Responder en momentos de crisis
-Asistir a los jóvenes y sus familias a navegar para obtener servicios
-Asistir a jóvenes y sus familias a tener sus necesidades básicas cubiertas
-Mediar en conflictos
-Coordinar servicios
-Facilitar el acceso a servicios
-Hacerle seguimiento al progreso del cambio de los jóvenes que participan de los programas y servicios en los barrios

La agencia OJJDP en Estados Unidos también aconseja que el objetivo-meta que el EM tiene es el de construir las relaciones con los futuros clientes del sistema y conectar cada joven con servicios esenciales, los cuales son:

-Salud mental y física

-Consejería y terapia familiar
-Tratamiento para el uso y abuso de substancias psicoactivas
-Remoción de tatuajes
-Cursos psico-educativos para el manejo del enojo

Si el factor de intervención social es tomado en tanto como un sistema de intervención social, entonces el trabajo del equipo interdisciplinario dará un gran valor a la información que surge directamente del campo de trabajo en los barrios y el contacto directo con los jóvenes en pandillas y en alto riesgo.

En este sentido el equipo funcionará en tanto como un 'nodo' de encuentro para planear e implementar ajustes que solucionen brechas en la comunicación, y la coordinación de servicios entre 'indivituciones' programas y servicios.

La implementación del sistema en lugar de un modelo le permitirá al equipo enfocarse en operar eficientemente y efectivamente.

Los miembros del equipo necesitaran comunicarse entre sí fácilmente y efectivamente, con la menor cantidad de limitaciones posible.

Pueden usar redes sociales y aplicaciones que permitan un intercambio para la solución de incidentes en la medida que ocurren.

Si el policía, o el maestro o el terapeuta tiene acceso fácil al EM, ellos incrementaran su empoderamiento para solventar barreras en cada uno de sus programas y la responsabilidad se compartirá y dispersara entre todos los miembros del sistema.

En lugar de esperar por la próxima reunión para hablar y coordinar, los miembros del equipo podrán hacer contribuciones cuando se necesite.

Un Equipo Multidisciplinario que da importancia a solo tomar decisiones en reuniones burocráticas (reuniones mensuales) no será tan efectivo como un equipo en el que sus miembros (todos con un alto nivel de decisión) están disponibles para el resto del sistema usando social media en tiempo real.

2.4. Reprimir las pandillas (Represión)

La represión a las pandillas consiste en sacar de las calles a los criminales pandilleros más violentos y eliminar su influencia por sobre los jóvenes y niños en la comunidad. La Represión es necesaria para algunos jóvenes los cuales representan un riesgo muy alto y necesitan asistencia y ayuda externa (control externo) para regular su comportamiento y evitar que contaminen a otros con sus pensamientos violentos.

En el Modelo OJJDP la represión es sugerida que sea en la forma de policía comunitaria la cual incluye formas de control, procedimientos e imposición de consecuencias tanto formales como informales. En este factor, algunas 'indivituciones' también incluyen jueces, policías, oficiales de policías, detectives, fiscales, y abogados.

Algunas experiencias de represión que han demostrado ser exitosas son:

*Programas de supervisión de parte de las cortes municipales, en las que oficiales representantes de la corte a nombre del sistema judicial y de los jueves vigilan, monitorean y hacen seguimiento al comportamiento de jóvenes en libertad condicional o supervisada.

*Programas en las que los jóvenes están en libertad condicional o supervisada y son condicionados a cumplir servicios sociales

*La implementación de formas de control como obligar a los jóvenes a participar de programas supervisados por la corte.

*La implementación de otras formas de control como monitorear los medios de comunicación y las redes sociales.

*Colectar y analizar datos estadísticos de reporte de crímenes relacionados con la actividad de pandillas y revelar tendencias en frecuencia y área geográfica.

*Realización de jornadas de sensibilización y educación por parte de la policía en la comunidad y en las escuelas.

*Focalizar la ejecución de fuerza pública en puntuales áreas que presentan alta actividad y reportan actividades de pandillas.

*Implementar una red de informantes y colaboradores para con la policía.

*Incrementar la visibilidad de la policía en áreas y zonas necesarias para persuadir la actividad criminal

*Crear una unidad policial antipandillas

*Ampliar y profundizar por parte de los jueces de una política de trabajo basada en la cero-tolerancia a la actividad de pandillas en la comunidad.

El Modelo C-3

*En casos en los que la actividad de pandillas sobrepase la capacidad institucional, es recomendable la implementación de modelos de represión alternativos como el modelo C3. Es un modelo que aplica tácticas y estrategias de contra-insurgencia en escenarios de guerra transferido y extrapolado a áreas urbanas en la lucha contra pandillas. Más información:
- C3 Model
- Analisis del modelo C3 por parte de The Journal of the NPS Center for Homeland Defense and Security
- Descripcion del modelo. Artículo por los autores de C3-Model.
- Video sobre el modelo. 60 Minutes Program.

El modelo C3 es un modelo policial para combatir pandillas. Sus componentes esenciales son:

1-La transformación de la forma como funcionan las organizaciones policiales y comunitarias que trabajan con pandillas.

2-Centrarse en solucionar problemas concretos, específicos y medibles de la comunidad (rastreo general, análisis, respuesta, valoración, solución etc.

3-Implementar los principios de:
-Legitimar las instituciones.
-Entender el ecosistema de la pandilla.
-Dar respuestas consistentes y actuando todos como una unidad.
-Las operaciones tácticas se basan en información de inteligencia.
-Mentalizarse a un compromiso de trabajo a largo plazo.
-Priorizar e iniciar los factores locales.
-Implementar acciones siguiendo y respetando la ley.

-Las pandillas deben ser separadas de los factores que las causan y dan soporte a su actuar. (i.e, grafitis, redes sociales, comunicación, finanzas etc.)

4-Los pasos del modelo C3 incluyen:

-Reconocer e internalizar una misión anti-pandilla (mentalidad).

-Identificar líderes comunitarios y establecer relaciones de confianza con ellos.

-Ganar legitimidad con los líderes comunitarios.

-Reclutar líderes comunitarios (investigarlos con cuidado, de manera crítica y evaluar si pueden ser aceptados dentro del sistema – contra inteligencia-).

-Realizar reuniones discretas, secretas (a puerta cerrada).

-Colectar información de los líderes comunitarios.

-Colectar información de cada pandilla y cada miembro.

-Implementar trabajo de inteligencia para colectar información y procesar, y analizar cómo operan tácticamente cada pandilla identificada.

-Un oficial es el encargado de integrar toda la inteligencia colectada y proveer reportes a la unidad operativa.

-Ejecutar el modelo "Questions-Based Organizational Analysis" al nivel táctico de las calles de los barrios. (estudio a cada pandilla.)

-Usar análisis de las redes sociales entre pandilleros (niveles, comunicación, jerarquía, roles, territorio,) mapear las redes sociales. (Para ello se pueden usar software que existe hoy en día, por ejemplo: The Social network analysis (SNA) software. Dicho software produce un mapa visual de los nodos y redes de comunicación que permite planear golpes contra el operar de dichas pandillas.)

Imagen 1. *Recently, a new SNA software program has been developed that includes several of these features. Developed in conjunction with the Chicago Police Department and the U.S. Military Academy West Point, the Organiza-tional, Relationship, and Contact Analyzer (ORCA) is designed specifically for law enforcement and allows for the visualization and identification of the social structure of street gangs (Paulo, Fischl, Markow, Martin, & Shakarian, 2013).*

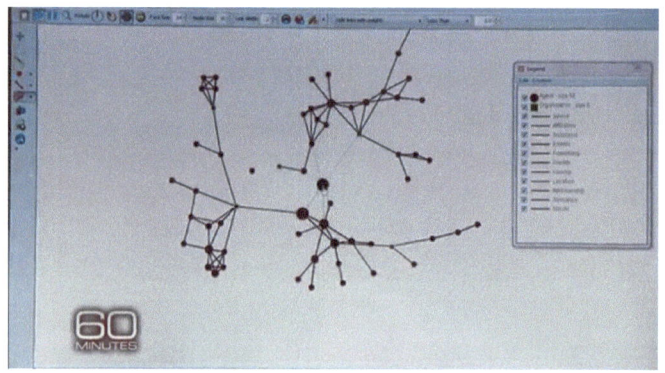

-Implementar un modelo comprensivo de comunicación interna entre policías y de policías para con la comunidad. Además de ganarse la confianza de la comunicad respondiendo a necesidades puntuales y manteniendo campanas y presencia en áreas críticas. (por ejemplo, eliminar toda posibilidad de que cabecillas sigan influyendo. Anulando su capacidad para comunicándose con otros miembros. Neutralizando su capacidad de comunicación. Especialmente a los que están en las cárceles.)

-Realizar reuniones según se necesiten. (Limitar la exposición al daño. Infiltración y disminuir vulnerabilidad).

Policía Comunitaria

El implementar un sistema de represión consiste en ir más allá que seguir un modelo de represión. Tal como ya se presentó anteriormente, el objetivo aquí es ampliar la comunicación y la colaboración en tiempo real y por ende tener un impacto más grande.

Esto se consigue mediante la eliminación de procedimiento que son burocráticos. Un verdadero sub-sistema de represión es *complementariamente* efectivo es practicado desde marco de referencia del modelo de policía comunitaria.

Friedman 1996 advierte que el modelo de policía comunitaria es efectivo cuando se combina con el desarrollo de la comunidad y la implementación de servicios que la comunidad necesita.

Desde esta perspectiva la fuerza pública ha de oficialmente adoptar las políticas institucionales del modelo de policía comunitaria y seguir sus respectivas estrategias.

La policía comunitaria es una metodología de control que es efectiva y eficiente para controlar el crimen en las comunidades:

-Reduce el miedo a que ocurran crímenes por parte de los miembros de la comunidad y por lo tanto amplifica su deseo e iniciativa para colaborar con iniciativas y con la policía misma.

-Mejora la calidad de vida de los miembros de la comunidad.

-Mejora los servicios que ofrece la policía por que recibe retroalimentación de los miembros de la comunidad.

-Mejora la legitimidad de la policía.

-Desarrolla una actitud proactiva para confiar en recursos que la comunidad tiene, pero no usa.

-La policía como institución tiene una mayor responsabilidad ante la comunidad.

-Hay una mayor participación y colaboración entre la comunidad y la policía para tomar decisiones relacionadas con servicios, programas y desarrollo comunitario.

-Se desarrolla una mayor consciencia y sensibilidad por los derechos civiles y las libertades civiles.

- El despliegue de la policía en operativos es proactivo más que reactivo.

-Los agentes de policía en su actividad tienen una mayor discreción y empoderamiento para tomar decisiones.

-Los agentes de policía realizan un más preciso mapeo de la actividad criminal y pueden levantar un mejor perfil de las redes de comunicación y relación social existente en la comunidad, (además de los recursos disponibles).

En el documento titulado "el futuro de la policía comunitaria" 'the Future of Community Policing' que fue entregado en Febrero del 2015 al grupo de trabajo presidencial (USA) sobre la policía comunitaria, precisamente discute la necesidad de crear un nuevo acercamiento para el tema de la actividad policial e indica que este acercamiento debe ser en términos de policía comunitaria.

En este documento, se recomienda que la policía como institución necesita aumentar y ampliar sus esfuerzos encaminados a enganchar y empoderar y fomentar la colaboración para con la comunidad para dar respuestas al crimen en las comunidades.

El documento también sugiere que la policía comunitaria necesita trabajar en mejorar su actividad de inteligencia en cuanto a mejorar su entendimiento, y reconocimiento de comportamiento del crimen, en relación a los patrones previos y posteriores a los crímenes, así como en construir optimas relaciones con la comunidad, además de facilitar mecanismos para compartir información a través de cabildos comunitarios y el promover el empoderamiento de grupos e instituciones en la comunidad. Un ejemplo de este tipo de iniciativas es Coffee with a cop.

En el mismo documento el Dr. Nagin y Heinz, profesores de política pública y estadística de la universidad Mellon Carnegie, en Pittsburgh, PA. aconsejan que la necesidad de la policía del siglo 21 está en la prioridad por prevenir el crimen más que en ejecutar arrestos.

Ellos también aconsejan que es el número de crímenes evitados más que el número de arrestos realizados lo que debe ser la fuente primaria de medición para juzgar el éxito de la policía en su camino para lograr el objetivo incrementar la seguridad y evitar el desorden.

Hoy en día, el tema de la represión enfrenta muchos retos. La mayoría de los jóvenes involucrados en pandillas y actividad criminal están transfiriendo su actividad hacia el mundo virtual, ellos están ahora comunicando y coordinando crímenes vía mensajes de texto, imágenes, medios sociales, y es en este mundo virtual que ellos coordinan y se reúnen y asocian con otros miembros de pandillas. Todo esto ocurre hoy en día en el Internet.

Por lo tanto, el sub-sistema de represión necesita ser capaz de responder a esta realidad del mundo virtual. De la misma manera que, la supresión fue hecha en décadas pasadas por medio del patrullaje a las calles en los barrios y arrestando grupos de jóvenes y pandillas que se agrupaban en los parques y centros de comerciales; de la misma manera en los días actuales la represión debe trasladar su actividad de patrullaje a las redes sociales del mundo virtual en el internet.

En el mundo real las personas crean comunidades en barrios, en el mundo virtual los barrios son las redes sociales de individuos y grupos de interés.

Más que un modelo de represión, lo que se necesita es un sistema de represión. En consecuencia, la policía necesita interactuar, comunicarse, cooperar y coordinar directamente con la comunidad (tanto en sus barrios y esquinas reales como virtuales) la intervención social, el desarrollo comunitario y la generación de programas que brinden oportunidades a los jóvenes para dejar las pandillas y el crimen.

La fuerza pública que actúa de manera rígida no tiene tiempo ni actitud para engancharse e interactuar con miembros de la comunidad y consecuentemente coordinar acciones proactivas. Y por lo tanto no aporta al sistema integral antipandillas.

El modelo de policía comunitaria tiene sus barreras. Algunas dificultades podrían estar en que:

-Factores como *protocolos flexibles para tomar decisiones, y compartir información,* incrementan el riesgo de denuncias por actuar fuera del protocolo; y en que

-Factores como *enganche con la comunidad* conduzca al riesgo de que miembros de la comunidad que cooperen con la policía sean envueltos en ligios y obligados a testificar en tanto como testigos de la actividad de pandillas.

3. La implementación del 'modelo anti-pandillas' en tanto como un 'sistema anti-pandillas'.

Para implementar el modelo de OJJDP. OJJDP misma siguiere que se sigan los siguientes pasos:

El primer paso es reconocer que hay un problema de pandillas:

-Estimar el grado de negación respecto del tema. (si lo hay)

-Realizar campañas y jornadas de educación y sensibilización.

El segundo paso es evaluar que tan extendido está el problema:

-Identificar los componentes del problema.

-Analizar las causas de dichos componentes.

-Identificar los recursos disponibles.

-Identificar los recursos que se necesitan (los proveedores de servicio).

-Describir el perfil demográfico de las pandillas y el crimen.

-Describir los datos estadísticos del crimen.

-Hacer entre encuestas a los padres, los jóvenes, y los que proveen servicios (para determinar cuál es la percepción sobre las pandillas y el crimen).

-Colectar y describir los datos sobre las los estudiantes y los colegios en relación a la actividad de pandillas en estos espacios.

-Revisar los recursos existentes en la comunidad e identificar las brechas existentes.

-Escribir el reporte final que colecta todo lo anterior.

Establecer y crear un comité que anuncie y genere políticas; y directrices, e indique la dirección de las acciones alrededor respecto del tema de las pandillas y el crimen que generan:

-En el comité el liderazgo es compartido.

-El comité revisa y hace seguimiento al proceso de hacer la evaluación (antes mencionada) y estudia los resultados de la misma para genera nuevas políticas públicas.

-El comité desarrolla estrategias para enfrentar el problema de las pandillas.

Desarrollar y elaborar un plan integral que incluya todas las áreas y acciones:

-Se desarrolla un plan estratégico.

-Se determina la población y los grupos que serán el blanco del trabajo a realizar.

-Se determina las áreas geográficas que serán blanco del trabajo.

-Las iniciativas a implementar son una mescla de programas de prevención, intervención y represión que se ejecutan simultáneamente.

-Se asignan responsabilidades entre los profesionales y las disciplinas que participan del sistema.

Implementación del plan:

-Se realiza un proceso de planeación que asegure la sostenibilidad del sistema (programas y servicios) a largo plazo.

-En el proceso de implementación se han de involucrar representantes e instituciones que sean influyentes y tengan capacidad de tomar decisiones.

-Se invita y motiva a todos los representantes, profesionales y agencias a compartir la responsabilidad sobre los servicios y el progreso que se alcanza.

Monitorear y evaluar el proyecto:

-Se demuestra que los resultados de los programas son positivos.

-Se estandariza y se hace rutina institucional el colectar datos estadísticos del progreso del cada programa.

-Se hacen evaluaciones de los resultados parciales.

-Se hacen evaluaciones del impacto total y general.

Si el problema no se ve, entonces el problema no puede ser resuelto. Para implementar el modelo OJJDP sugiere que es necesario que la comunidad conozca el problema que tiene. Esto significa que, no solo la policía es consciente y entiende el problema, sino que también los jueces también son conscientes del problema y su tamaño.

También se necesita que los profesores, los padres, líderes religiosos y grupos en la comunidad sean capaz de reconocer el tamaño y la dimensión del crimen generado por las pandillas en la comunidad.

Reconocer que hay actividad de pandillas puede ser complicado y todo un reto. Por ejemplo, cuando se hace en comunidades de ingresos económicos alto; los padres de familia de estas comunidades pueden reaccionar migrando a otros lugares impactando el valor del mercado inmobiliario.

El equipo multidisciplinario necesita entender y evaluar maneras en como involucrar y enganchar a la comunidad cuando intereses económicos presionan por esconder el problema, o evitarlo.

También, todas las instituciones necesitan colaborar para evaluar cuánto, con qué frecuencia, y cuán severo es el problema de pandillas en la comunidad.

La tarea de evaluar y sopesar cuán grave es el problema de las pandillas puede empezar por una auto-evaluación iniciada por cada agencia e institución y se sigue construyendo los datos de manera compartida. Otra manera es contratando consultores y universidades que colecten la información y provean los resultados al comité.

Al mismo tiempo, también se recomienda implementar la creación del comité directivo que guie las acciones y programas para responder al problema de las pandillas. Este comité ha de estar conformado por legisladores y líderes de agencias. Dicho comité tiene la responsabilidad de usar la información colectada de la evaluación para desarrollar un plan que sea comprensivo y subsecuentemente proceder a implementar dicho plan.

Implementar el modelo integral antipandillas es un proceso que es fijo y predeterminado tiene una estructura con unos pasos a seguir. Este proceso es efectivo para generar consenso y desarrollar un lenguaje común entre todas las partes.

Responder al crimen de pandillas con un sistema integral anti-pandillas implica que el sistema use todos los elementos previamente mencionado y se haga énfasis en la interacción y conexión entre las partes que lo constituyen.

Por lo tanto, sugiero que el equipo multidisciplinario (el comité directivo) encargado de implementar la respuesta integral a la actividad de pandillas y la violencia juvenil, tenga una agenda y siga un ciclo de programa anual de trabajo.

Además de los temas transversales de fomentar la colaboración y solucionar brechas que limitan el trabajo, el trabajo anual que el comité antipandillas puede ser dividido en cuatro períodos de tres meses cada uno. Sugiero entonces, que cada periodo tenga una agenda de temas a abordar (en tanto como guía temática) que incluye:

1-**Primer período** (Enero-Febrero-Marzo) – además de la agenda básica -, en este período, el comité se puede centrar su trabajo en discutir los procedimientos y las reglas y acciones del sistema antipandillas así como de jornadas educativas y de sensibilización para incrementar la consciencia y fomentar acciones para bajar el crimen de pandillas.

2-**Segundo Período** (Abril-Mayo-Junio): En este período, el comité podría enfocar sus discusiones respecto de re-evaluar el problema de pandillas en la comunidad, y generar políticas y procedimientos para actualizar y mejorar la colección de datos estadísticos.

3-Tercer Período (Julio-Agosto-Septiembre): En este período, el comité se concentraría en evaluar sus propios objetivos, sus políticas internas de funcionamiento, el estado de su membrecía, el reglamento interno, el uso de canales de comunicación de redes sociales para operar así como discutir sobre planear e idear actividades para fortalecer la membrecía y participación en el comité mismo.

4-Cuarto Periodo (Octubre-Noviembre-Diciembre): en este período el comité se concentraría en evaluar los resultados de los programas, conocer las brechas y las barreras, además de los retos para implementar los programas, en este periodo se evalúa si los resultados están dando el impacto que se espera. El comité trabajaría en fomentar iniciativas que son efectivas y han demostrado que funcionan, con el propósito de mejorar los programas y conocer el impacto del sistema antipandillas.

Al implementa este sistema de trabajo, el comité tendría una agenda de trabajo anual, su trabajo serio dinámico y trabajarían colaborativamente. Cada miembro puede escoger un tema a liderar dentro del comité en su trabajo anualmente.

4. Las etapas del cambio (dejar de ser pandillero)

Uno de los grandes retos en la prevención e intervención en pandillas está en cómo medir el cambio que los jóvenes tienen cuando participan en estos programas.

¿Cómo se podría valorar si un joven ha dejado el estilo de vida pandillero y ha cambiado su mentalidad?

Muchos programas ofrecen servicios como acompañamiento a los jóvenes y sus familias, y otros programas desarrollan planes de intervención psicosociales, pero es común notar que no hay un lenguaje común entre estos programas.

No hay un lenguaje que permita entre los profesionales compartir un referente que indique cuán avanzado está el joven en su mentalidad pandillera o cuán avanzado está en su cambio para dejar dicho estilo de vida.

Las agencias entre sí se refieren casos y dan una descripción clínica de los síntomas del joven, algunas otras refieren casos entre sí con descripciones vagas y carentes de consistencia que no permite comparar los casos o no permite tener una idea del progreso.

Una agencia o programa puede que vea al joven totalmente involucrado en su proceso de cambio mientras que otra puede que valore que el joven no está realmente empoderado en cambiar.

Es común que jóvenes en alto riesgo deambule entre los diferentes proveedores de servicios tomando venta de su carencia de comunicación y coordinación para manipular y simular un cambio que realmente no está teniendo.

El modelo de las etapas del cambio formulado por Diclemente "The Stages of Change Model"(web oficial) creado por Prochaska and DiClemente's (1983) da el camino correcto para medir que tanto el joven progresa en su proceso de cambio.

Este modelo indica el camino para fomentar la colaboración y formula un lenguaje consistente entre agencias de prevención e intervención.

El modelo de transformación y cambio describe los pasos-etapas lógicos por lo surge pasa cualquier sujeto cuando cambia.

El proceso de cambiar va desde pasar por una etapa de negación, seguida de una etapa de contemplación del cambio, seguida de una etapa de preparación para el cambio, que conduce a una etapa de acción y realización de acciones de cambio, hasta que finalmente el sujeto alcanza el estado en el que su cambio se consolida y su energía se centra en mantener el cambio logrado.

Según mi experiencia un joven pandillero que pasa por un proceso de cambio descrito en términos del modelo de Las Etapas del Cambio consistiría en:

*Pre-contemplación:
(Negación y Resistencia) "Yo no estoy en pandillas", "estar en pandillas no es ningún problema", "yo quiero continuar en la pandilla".

La evaluación y la intervención en esta etapa se centra en cambiar la percepción y confrontar el joven con consecuencias negativas producto de su pensamiento erróneo. El joven debe experimentar que su comportamiento tiene consecuencias y dicho pensar no puede ser apoyado.

Al mismo tiempo el joven ha de recibir todos refuerzos positivos y apoyo de genuino apoyo de parte de profesionales y seres queridos (sin caer en la complicidad). En esta etapa los refuerzos positivos que sostienen la mentalidad pandillera deben ser retirados.

Eliminar la negación se hace no solo con terapia individual (procesando traumas o problemas emocionales conectados con la agresión y desorden de comportamiento) sino también con un plan de comportamiento.

*Contemplación:
(pasando del reconocimiento al desarrollo de habilidades para cambiar): "...bueno, puede que yo tenga un problema", "puedo ver que estoy un problema y en una mala situación, pero no quiero cambiar", "estoy en problemas solo si me atrapan", "ser pandillero sé que es un problema, pero no me importa", "a veces pienso que debería cambiar, pero no tengo otra salida, debo seguir".

La evaluación y la intervención en esta etapa se centra en aumentar la percepción del problema, estimular cogniciones acerca de las consecuencias del comportamiento, y fortalecer la alianza con el joven para cambiar.

La meta es conducir el joven hacia realizar evaluaciones y sopesar los factores a favor y en contra de llevar una vida en las pandillas y de promover y apoyar nuevas motivaciones (pensamientos) de cambio. El objetivo es iniciar acciones (practicar habilidades) concretas de apoyo a un cambio que esta por ocurrir.

*Preparación:

(pasando de desarrollar habilidades a practicar el cambio). "Yo tengo un problema, sé que tengo que cambiar, pero no sé cómo", "yo quiero hacer algo, pero no que es lo que debo hacer o como debo cambiar", "esto aprendiendo a cómo cambiar".

En este estado, el joven en alto riesgo, está demostrando que reconoce, y que es consciente de sus problemas y que está motivado al cambio y por lo tanto se prepara e inicia acciones en esta dirección. Para el, el desarrollo de estos nuevos hábitos, le implican un esfuerzo.

Las metas incluyen apoyar la creación de nuevos hábitos, promover nuevas relaciones, repetir las y practicar las nuevas habilidades y mantener una consistencia en estas nuevas iniciativas.

*Acción:

(pasando de practicar habilidades a realizar cambios sostenibles y generar un nuevo estilo de vida):

yo he estado cambiando, porque estoy motivado, y apoyado, pero puede que mi iniciativa sea limitada", "estoy cambiando y quiero mantenerme cambiando", "algunas veces tengo miedo de volver a caer en lo mismo de la pandilla", "he desarrollado nuevos hábitos y los estoy consolidándolos.

En esta etapa de cambio el joven en alto riesgo está demostrando que él ha internalizado el cambio y ahora necesita apoyo constante para mantener su motivación en alto.

En el estado de acción, la mentoría y el acompañamiento es muy importante, así como un detallado calendario y horario de rutinas y actividades diarias y semanales.

Actividades y el horario es desarrollado en colaboración con el mismo joven, para evitar las debilidades y apuntando a incrementar las fortalezas.

*Mantenimiento.

(pasando de conquistar un nuevo estilo de vida a evitar recaídas y retrocesos en el cambio para dejar de ser pandillero)

"yo soy una persona diferente, yo he cambiado", "no soy un miembro de la pandilla (realmente), "yo soy consciente de la influencia que la pandilla puede ejercer y por lo tanto evito recaer en lo mismo", "yo me mantengo ocupado y participo en grupos de apoyo, o me comunico y acompaño de mi mentor. En esta etapa la comunidad reconoce y socializa el proceso de cambio del joven.

Aquí el joven es capaz de identificar factores que lo pueden conducir a recaer y ser influenciado pandilleros. En este estado las evaluaciones e intervenciones se centran en mantener el cambio logrado por medio de proveer apoyo y asistencia para que el joven logre proyectos personales. El joven desarrolla un proyecto de vida-un plan de vida incluso en su área vocacional.

Si se aplica estas etapas de cambio en la intervención con pandillas, será posible medir que tanto el joven está cambiando y el tiempo en el cual este cambio ocurre. Los reportes y las evaluaciones de quienes realizan la intervención serán más objetivos y ayudarán a los miembros del equipo multidisciplinario a ver discrepancias y compartir sus evaluaciones entre las agencias.

Esto ayudara a calibrar y sincronizar acciones además de realizar correspondientes ajustes a las intervenciones en salud mental, vocacional, educación, interacciones sociales y demás. Todos compartiendo un lenguaje sobre el cambio del joven, en común.

5. Programas efectivos sugeridos. (Lista de programas y actividades que se ha comprobado, dan resultado.)

Actividades y programas de prevención.

-Realizar una evaluación de los recursos (humanos, financieros, logísticos, educativos etc., etc.) disponibles.

-Crear centros integrados de atención en lo que el joven encuentra servicios en varias áreas.
-Dar apoyo de atención prenatal a jóvenes (niñas) en necesidad.

-Ofrecer cursos para que jóvenes aprendan idiomas y habilidad de comunicarse efectivamente en su cultura.
-Proveer programas y actividades de verano.

-Ubicar policías comunitarios trabajando dentro cada colegio diariamente.

-Realizar programas de educación y sensibilización en barrios, y comunidades educativas e instituciones.

-Crear oferta de servicios (acceso) de apoyo al rendimiento académico y otros servicios localizados desde las escuelas y colegios.

-Ofrecer dese los puestos de salud y programas de atención externa en cada localidad, asistencia integral (en áreas de salud mental y adicciones) para coordinar servicios y sincronizar los múltiples profesionales y agencias en las que los jóvenes de más alto riesgo participan y tienen contacto.

-Generar programas deportivos en los que jóvenes tengan acceso, y participen de actividades organizadas por facilitadores.

-Ofrecer el servicio de profesionales en áreas sociales y educativas que asistan al joven a desarrollarse en varias áreas (educación, trabajo, salud, social, legal, transporte, religión, etc.) y le colaboren en la logística para acceder y participar y le hagan seguimiento a su progreso integral.

-Ofrecer acceso a actividades y entrenamiento para el desarrollo de habilidades y vocación profesional.

-Realizar capacitaciones a profesores y líderes comunitarios y padres de familia, así como a estudiantes sobre las pandillas, símbolos, y operatividad para que aprendan a reconocer y denuncien su actividad.

-En comunidades en las que diferentes culturas conviven, tener representantes de cada cultura para advocar y facilitar la coordinación en la creación e implementación de programas, así como de resolución de conflictos.

-Tener programas que ofrezcan mentores para los jóvenes en alto riesgo.

-Programas de mejoramiento académico (tutoría) en jornadas escolares contrarias a la jornada oficial.
-En comunidades donde sus miembros provienen de migraciones o tienen problemas con agencias migratorias, crear servicios de apoyo legal a estos procesos migratorios.

-Crear programas recreativos en jornadas escolares contrarias a la oficial.

-Crear actividades de recreación usando las artes y la expresión cultural, incluyendo música, danza, etc.

-Programas de inclusión social y que reduzcan la actividad de las pandillas.

Programas y actividades de intervención.

-Entrenamiento vocacional y técnico, así como subsecuente asistencia para tener empleo o iniciativa de empresa privada.

-Entrenamiento y asistencia para crear empresa y tener espíritu y desarrollar habilidades empresariales.

-Ofrecer programas en los que los jóvenes sean un modelo para sus pares y tengan mentorías.

-Crear programas que en coordinación con la escuela y la corte juvenil que monitoreen la asistencia escolar y en casos de inasistencia imponer sanciones legales y sociales al joven y la familia. (monitoreo e imponer libertad condicionada a jóvenes que contravengan la regla)

-Crear programas en los centros de salud y centros de atención exterior para que los jóvenes reciban terapia individual, familiar o grupal para problemas tanto emocionales y de salud mental como de abuso y dependencia a substancias psicoactivas.

-Proveer apoyo educativo a jóvenes que deseen validar su educación básica o secundaria en horarios y lugares accesibles para ellos. Que garanticen su seguridad.

-Ofrecer programas de remoción de tatuajes solo para jóvenes que han demostrado compromiso para dejar la pandilla y están en estados de acción y mantenimiento.

-Implementar en conjunto con la corte juvenil y el gobierno local programas donde los jóvenes puedan registrase para realizar voluntariado sirviendo a la comunidad en diversas áreas.

-Ofrecer el servicio de profesionales en áreas sociales y educativas que asistan al joven a desarrollarse en varias áreas (educación, trabajo, salud, social, legal, transporte, religión, etc.) y le colaboren en la logística para acceder y participar y le hagan seguimiento a su progreso integral.

Programas y actividades de represión

-Realizar consistentemente patrullajes a sectores identificados con actividad pandillera.

-Realizar mapeos estratégicos (con información de inteligencia) de áreas donde los jóvenes pandilleros se reúnen y realizan actividad criminal.

-Implementar la policía comunitaria para enfrentar el crimen de pandillas y su actividad en los barrios.

-Realizar consistentemente y en diversas áreas y población eventos para sensibilizar a la comunidad sobre el peligro de las pandillas.

-Implementar mecanismos para facilitar el intercambio de información de inteligencia entre miembros de la comunidad de la fuerza pública.

-Implementar una respuesta conjunta y coordinada entre la fuerza pública y la fiscalía para atrapar y enjuiciar a pandilleros limpio de corrupción.

-Expandir la participación de los vecinos en grupos de vigilancia barrial para evitar el crimen y tener una respuesta más rápida en caso que se presente.

-Crear bases de datos que sean seguras para rastrear actividad criminal y fomentar la colaboración.

-Implementar modelos anti-insurgentes para combatir pandillas en ambientes urbanos. Modelo C3.

Programas y actividades de reinserción

-Crear programas que den entrenamiento para el desarrollo de habilidades vocacionales y técnicas a jóvenes que salen de la cárcel y la prisión y se integral a la comunidad de nuevo.

-Crear programas de enteramiento y asistencia para la consecución de trabajo.

-Realizar programas para ubicar a jóvenes en familias y comunidades luego de salir de la cárcel y prisión.

-Implementar programas de rastreo y seguimiento al comportamiento de estos jóvenes luego de salid de la cárcel o la prisión.

-Tener programa que brinden asistencia individual para integral a los jóvenes de salen de cárcel o prisión, programas que den mentoría y acompañamiento individualizado y asistencia para conseguir comida, transporte, y otros servicios que el joven tiene y la familia limitadamente puede aportar.

-A cada joven que sale de prisión o la cárcel realizar un comité de transición (en la cárcel antes de que salga) compuesto por representantes de programas e instituciones del barrio en que el joven vivirá para estudiar su caso y conectarlo cara a cara con los responsables que le ayudan una vez en la comunidad.

6. Ejemplo de un plan integral

Un plan integral para coordinar, prevenir, intervenir, reprimir y reinsertar pandilleros debe ser lógico. En un sistema integral cada servicio y actividad tiene que tener una razón y responder a una necesidad y una estrategia o componente (s).

Cada agencia y servicio necesita hablar y comunicarse teniendo en mente que todo funciona como un sistema. Cada elemento hace parte de un esfuerzo coordinado para disolver el problema del pandillaje.

Un plan como éste, ayudará al comité interdisciplinario a evaluar sus programas, identificar sus debilidades, y comunicarse con sus proveedores.

El plan pone todo en un solo lugar e integra todos los factores en un documento maestro que puede ser accesible a todos. Cada componente, cada meta, estrategia, objetivo, e indicador, si es lógico y sigue una línea causal a modo secuencia entonces puede ser evaluado y medido.

Cada comunidad es diferente y tiene diferentes prioridades y planes, sin embargo, por efectos de ilustración, en este documento, sugiero un plan comprensivo basado en las recomendaciones de la oficina OJJDP.

El plan comienza con los componentes o campos de trabajo:
+Coordinación (Comité interdisciplinario)
+Prevención (Programas and actividades)
+Intervención (Programas and actividades)
+Represión (Programas and actividades)
+Reinserción (Programas and actividades)

Cada uno de estos campos-componentes necesita una META. Aquí están las metas que sugiero. Subsecuentemente, cada objetivo necesita su estrategia para realizarse. Igualmente, aquí están las estrategias que sugiero para alcanzar cada componente y su correspondiente meta.

Este ejemplo de plan integral (coordinación, prevención, intervención, represión y reinserción) provee una visión general de muchos factores que están relacionados los unos con los otros e influyen en el funcionamiento de los procesos de prevención, e intervención.

Si un joven en alto riesgo entra en este sistema, él se envolverá en varios procesos que lo conducirán a resultados que han de ser concretos y medibles cuando está acompañado del modelo de los estados del cambio presentado en el capítulo 3 de este libro.

Tabla 1. Los Componentes del Modelo.

COMPONENTE (CAMPO)	META
COORDINACIÓN (comité multidisciplinario)	-Incrementar la sinergia del equipo, la colaboración entre sus miembros, y el trabajo que realizan para conseguir fondos, y crear políticas, y programas para dar respuesta al problema de las pandillas en la ciudad de_____.
PREVENCIÓN	-Incrementar iniciativas para prevenir la violencia generada por las pandillas. Crear programas y proyectos para evitar que los jóvenes, sus familias y comunidades sean afectadas por las pandillas en la ciudad de_____.
INTERVENCIÓN	-Fortalecer, ampliar y robustecer las iniciativas para intervenir (programas y actividades) pandillas en la ciudad de_____.
REPRESIÓN	-Mantener y mejorar las actividades y programas que remueven pandilleros de las calles y eliminan su influencia en la comunidad en la ciudad de _____.
REINSERCIÓN	-Ampliar y robustecer actividades y programas para evitar que ex convictos por delitos relacionados a las pandillas vuelvan a recaer en pandillas y se mantengan alejados de dicha forma de vida luego de salir de la cárcel, y promover si asimilación en las comunidades en la ciudad de_____.

6.1. Coordinación

COMPONENTE (sub-sistema): **Coordinación** (Comité directivo - multidisciplinario): **META**: Incrementar la sinergia, la colaboración, y el trabajo encaminado a tener fondos y crear políticas y evaluaciones para dar respuesta al problema de pandillas en la ciudad de _____.

En relación al comité multidisciplinario (MC) su meta está relacionado con su propio desempeño en tanto como comité para: garantizar los dineros para los programas, generar nuevas políticas, planes, y programas, así como para mejorar su trabajo en equipo hacia la implementación de un plan comprensivo.

En consecuencia, los objetivos del comité directivo esta relacionando con incrementar fondos, fortalecer su membrecía, hacer más eficiente y efectivo su propio trabajo (comunicación), mantener memorias de su trabajo (para pasar la información hacia nuevos miembros) y desplegar estrategias para alcanzar tales objetivos.

Al funcionar como sistema, el trabajo del sub-sistema llamado Equipo Multidisciplinario (EM) necesita seguir la misma lógica de 'ingreso' – 'proceso' –'egreso'. En el EM hay un 'ingreso' (la participación, las evaluaciones, las políticas, los miembros), hay un 'proceso' (las deliberaciones, los acuerdos, las decisiones), y hay un egreso – resultado (nuevas políticas, nuevos y mejores programas, evaluaciones actualizadas, mas miembros y con participación más efectiva y más asociaciones).

Funcionar en tanto como un sistema, significa también tener procesos de retroalimentación y aprender del propio desempeño.

Tabla 2. Coordinación

OBJETIVOS	ESTRATEGIAS	INDICADORES (de resultado – corto/mediano/largo plazo-)
Incrementar los fondos disponibles para lograr las metas del comité en ___ años	-Identificar oportunidades para adquirid fondos -Aplicar a fondos disponibles -Realizar campañas para que los legisladores asignen fondos para prevenir e intervenir	-Las fuentes de financiación son identificadas. -Aplicación para solicitar recursos a fondos son entregadas y/o obtenidas
Fortalecer la membresía el comité multidisciplinario	-Incrementar actividades que conecten a individuos, grupos, e instituciones claves para con el comité -Enganchar nuevos miembros e incrementar y robustecer la participación	-Los agentes que les corresponde algún interés en el sistema antipandillas participan de reuniones. -La membrecía del comité incrementa en % -La participación se incrementa en & -Miembros que tienen capacidad decisiva hacen parte del comité.
Robustecer el trabajo colaborativo mediante el uso de las redes sociales y software (dada base)	-Crear, adoptar o mantener el uso de medios de comunicación al público e internos (redes sociales y software) -Colectar y almacenar memorias de las discusiones y decisiones y resultados del comité	-Un medio de canal de la comunicación privado es usado por los miembros del comité para comunicarse. -Las memorias y minutas son creadas y pueden ser consultadas (visual, audio, escrito, electrónico, documentos)

Registrar y guardar las deliberaciones, decisiones, políticas y documentos producidos por el comité	-Realizar un trabajo colaborativo con otras agencias y usar consultores externos Se adoptan programas y actividades que han demostrado ser efectivas (capitulo 2.5)	-Una compañía de consultoría ayuda a implementar el marco lógico (Funcionar y evaluar) -Una compañía de consultoría es contratada para hacer diagnóstico evaluativo sobre pandillas -La efectividad de los programas mejora y son más eficientes.

6.2. Prevención

COMPONENTE (sub-sistema): **Prevención: META**: Fortalecer y aumentar –ampliar iniciativas de Prevención (actividades y programas). En la ciudad de _____.

El sub-sistema de prevención busca desarrollar e implementar iniciativas para prevenir jóvenes que sean influenciados por pandillas, para evitar que participen en pandillas y para evitar que idealicen es estilo de vida de pandillas.

Muchas estrategias pueden ser implementadas en este sub-sistema por parte de todos y cada uno de los 'indivituciones' y componentes del sub-sistema. Algunas estrategias incluyen, incrementar la participación en programas existentes, bajar el grado y número de incidentes de 'bullying' (matoneo) en las escuelas y promover la inclusión y la adaptación social además de generar oportunidades para socializar.

Al funcionar como sistema, el trabajo del sub-sistema llamado prevención necesita ser uno en el cual los factores de 'ingreso' a este subsistema (input) consiste en los referidos, los participantes y los recursos. Del mismo modo, en este subsistema el 'proceso' consiste en los programas y las actividades y el resultado 'egreso', son los jóvenes que estando en alto riesgo evitan su involucramiento en las pandillas.

Funcionar en tanto como un sistema también significa que hay retroalimentación y que el subsistema aprende y corrige su propio desempeño (mediante evaluaciones, mediciones y resultados entre los programas) haciendo ajustes a medida que la oportunidad existe.

Un ejemplo de plan es:

Tabla 3. Prevención

OBJETIVOS	ESTRATEGIAS	INDICADORES
-Las iniciativas de prevención e intervención a pandillas son realizadas y reportadas cada mes, por profesionales, grupos y comunidades e instituciones	-Las familias y jóvenes en alto riesgo incrementan la participación en actividades positivas (en cada programa de prevención)	-Las familias que tienen jóvenes pandilleros son enganchadas en los programas. -El acceso a actividades de prevención y los programas mejora. -El familiar con miembros que son pandilleros están activamente participando. -Las actividades de prevención e intervención son incrementadas.
	-Disminuir los crímenes relacionados a la actividad de pandillas (bullying, tráfico sexual etc.)	-El número de peleas y asaltos relacionados a las pandillas en las escuelas decrece. -El número de jóvenes que retornan a la corte por un segundo cargo es disminuido. -Casos potenciales de conflicto entre pandillas es identificado y disminuido en frecuencia
	-Incrementar la inclusión social y cultural (diversidad de grupo, etnias y minorías) en cada programa de prevención	-Apoyo para aprender un segundo lenguaje o apoyo educativo en general es dado por voluntarios e instituciones. -Mayor número de grupos minoritarios tienen acceso a más servicios. -Representantes de las culturas y etnias respetivas participan en deliberaciones y toma decisiones.
	-Implementar apoyo positivo externo a jóvenes en alto riesgo	-Programas ubicados en las escuelas atienden jóvenes en jornadas contrariaras para dar apoyo educativo aumentan su cobertura.
	-Los programas existentes de prevención	-Asistencia tecina es dada a los existentes programas (con mayor cobertura).

reciben apoyo técnico para mejorar su desempeño	
-El comité de ausencia escolar es robustecido.	-Los casos de ausencia escolar disminuyen -El número de casos que se detectan temprano para evitar deserción escolar aumentan.
-Identificar, apoyar y asistir esfuerzos de prevención originados por la comunidad a través de colaboraciones con universidades e investigaciones.	-acuerdos de colaboración entre instituciones y universidades son firmados -Investigaciones son realizadas en la comunidad por universidades -Consultorías son implementadas
-Involucrar a ciudadanos de la localidad, ex pandilleros reeducados, agencias y grupos de la comunidad en esfuerzos de prevención como meterías etc.	-La existente actividad de mentoria y programas relacionados se sostiene y aumenta. (recursos, entrenamiento, personal) -Más mentores son ahora parte del sistema de prevención.

6.3. Intervención

: **Intervención: META**: Desarrollo e implementación de iniciativas de intervención (actividades y programas) en la ciudad de _____.

En relación al sub-sistema de intervención, la meta seria el despliegue de iniciativas para funcionar como sistema, el trabajo del sub-sistema llamado intervenir jóvenes en alto riesgo y parar su participación en las pandillas (membresía), así como bajar (grado, intensidad y frecuencia) a sus niveles de membresía, y bajar los niveles de asociación, así como detener la influencia de los pandilleros por sobre lo jóvenes.

El subsistema de intervención seria efectivo cuando todos los programas y actividades (no importa cuál es el programa o la actividad) comparten la misma idea de sistema de intervención y funciona entando como el área en donde jóvenes que están alto riesgo son referidos y admitidos (input), y en donde se despliega un proceso (actividades y programas) que conducen a resultados (output), en tanto como cambio de comportamientos y más jóvenes dejan la vida de pandillas.

Al funcionar como sistema, en el trabajo del sub-sistema llamado intervención todas las partes (indivituciones, programas y actividades) trabajan en tanto como un proceso unificado pero diverso a la vez. También colectivamente se hacen ajustes y se mejoran errores.

Un ejemplo de plan es:

Tabla 4. Intervención.

OBJETIVOS	ESTRATEGIAS	INDICADORES
-Las iniciativas de Intervención se implementan y las existentes se robustecen.	-Monitorear los programas que son de fondos por competencia y revisar su complimiento.	-Frecuentes reuniones con los coordinadores de los programas son realizadas.
	-Identificar y fortalecer las existentes iniciativas (actividad y programas) de intervención en la comunidad	-Nuevas iniciativas son identificadas. -existentes experiencias de intervención (que son exitosas) son sistematizadas. -Las iniciativas identificadas son apoyadas.
	-Crear acuerdos de colaboración con universidades, y centros de investigación, así como con proveedores privados.	-Los programas revisan su propio desempeño -Asistencia técnica es dada para ayudar los programas a mejorar.
	-Incrementar el acceso a servicios de salud mental y tratamiento en adiciones a jóvenes pandilleros en proceso reeducativo y de rehabilitación.	-Acuerdos entre universidades o escuelas e instituciones son creados. -Apoyo para validar la educación es dado. -Los servicios son más accesibles y se complementan entre sí. -Cada joven recibe

		apoyo en la forma de mentorías
	-Disminuir los casos de deserción de los programas de intervención existentes.	-La temprana detección de casos de jóvenes pandilleros con problemas metales es mejorado -El acceso a servicios de salud mental y tratamiento de adición es mejorado en % _
	-Incrementar los servicios de apoyo psicosocial y asistencia individualizada (por caso) a jóvenes pandilleros y sus familias que desean dejar la pandilla	-La asistencia individualizada (por caso) es ampliada. -Oportunidades de trabajo son más accesibles y variadas. -Mentores son reclutado en mayor cantidad -programas de mentorías aumenta y los existentes mejoran.

6.4. Represión y Reinserción

COMPONENTE (sub-sistema): **Represión y Reinserción**: **META**: Mantener y mejorar la represión y las actividades/programas en contra de las pandillas y la violencia de las mismas en la ciudad de_____.

En el sub-sistema de represión, el trabajo se centraría en mantener y mejorar la aplicación de la ley y esfuerzos para eliminar y detener la influencia de pandilleros por sobre el resto de la población.

La represión de las pandillas seria efectiva cuando todos los programas y actividades (no importa cuál sea) comparte una misma idea de funcionar en tanto como sub-sistema que funciona como componente en donde los jóvenes altamente criminales son arrestados, retirados de la comunidad, (input), para luego participar en procesos de rehabilitación y reinserción (procesos) que conducen a resultados (output/egreso) en tanto como cambio de comportamientos, adecuada reinserción de vuelta en comunidades así como menos violencia juvenil y menos pandillas influyendo a la población joven.

Al funcionar como sistema, en el trabajo del sub-sistema llamado Represión-Reinserción todas las partes trabajan como una sola con una meta, pero con diversas metodologías. También colectivamente se hacen ajustes y se mejoran errores.

Un ejemplo de plan es:

Tabla 4. Represión y Reinserción:

OBJETIVOS	ESTRATEGIAS	INDICADORES
Mantener y mejorar programas y actividades para remover de las comunidades a jóvenes pandilleros, así como para reeducar en las cárceles a convictos, y asimilar a los ex convictos de vuelta en las comunidades.	-Identificar a existentes miembros de pandillas y monitorear su influencia en las comunidades. -Neutralizar la actividad de las pandillas (crimen) por medio de arrestar y retirar de la comunidad a sus miembros -Efectiva y eficiente comunicación entre la policía y los fiscales. -A través de las cortes juveniles ordenar la participación de pandilleros en programas de rea habilitación y reeducación (prevención –intervención - asimilación) -Identificar las necesidades de ex pandilleros que están cerca de retornar a la comunidad (de prisión) para asistir y monitorear su transición.	-Necesidades y los servicios que cada joven ex pandillero necesita tener para transitar de la cárcel a la comunidad son identificados y planes de transición se realizan. -Investigar con amplitud crímenes de pandillas y perseguir legalmente sus sentencias aumenta. -La unidad anti-pandilla existe y funciona. -El comité de reinserción está activo y funcionando. (reuniones tienen calendario) -Apoyo a los existentes programas es proveído. -Cada ex – convicto tiene un mentor o un profesional asistente pasa su caso particular. -La policía y oficiales de probatoria monitorean la actividad de jóvenes asociados con pandillas. -Los jóvenes que dejaron la pandilla se benefician de programas de reeducación y asistencia, así como de programas para remover tatuajes.

7. Recursos disponibles

Más información sobre recursos disponibles:

-OJJDP Comprehensive Gang Model. A Guide to Assessing your Community Youth Gang Problem. May 2006.
http://www.nationalgangcenter.gov/Comprehensive-Gang-Model/Assessment-Guide

-OJJDP Comprehensive Gang Model. Planning for Implementation. May 2009.
http://www.nationalgangcenter.gov/Comprehensive-Gang-Model/Implementation-Manual

-OJJDP Strategic Planning Tool. Accessed May 2015.
http://www.nationalgangcenter.gov/About/Strategic-Planning-Tool

-Best Practices to address Community Gang Problems. OJJDP Comprehensive Gang Model. October 2010.
http://www.ojjdp.gov/publications/pubabstract.asp?pubi=253257

-The National Gang Center official web site. Accessed May 2015.
http://www.nationalgangcenter.gov

-Stages of Change.
http://www.prochange.com

-C3 Model
http://smallwarsjournal.com/jrnl/art/counter-gang-strategy-adapted-coin-in-policing-criminal-street-gangs

8. Acerca del autor

Fredy L. Martínez nació en Colombia, es psicólogo egresado de la Universidad Pontificia Bolivariana (UPB), tiene una Maestría en Desarrollo Social y Educativo de la Universidad Nacional-CINDE de Bogotá-Colombia, una especialización en Docencia Universitaria de la UPB; y un Post-Master de la Universidad Johns Hopkins de Baltimore, MD en Estados Unidos. El Sr. Martínez es también Certificado Terapeuta en Adicciones por la Junta de Profesionales de Consejería del Estado de Virginia.

En su vida profesional El Sr. Martínez ha combinado la investigación, y la docencia universitaria con el ejercicio profesional. A lo largo de su profesión, el Sr. Martínez ha diseñado y facilitado programas de prevención e intervención directamente con jóvenes, familias y comunidades en alto riesgo.

En 1998, el Sr. Martínez fue Docente universitario por cinco años de la Universidad Pontifica Bolivariana de Bucaramanga Colombia y fue Psicólogo de la Fundación de apoyo a los scouts. En este período, trabajóo diseñando y coordinando programas para intervenir pandillas y comunidades desplazadas en Piedecuesta- Colombia. Gracias a sus investigaciones, obtuvo el Premio Nacional de Liderazgo, su trabajo fue Nominado al premio Nacional de Paz en dos ocasiones (2001, 2002) y fue reconocido por la Asociación Americana de Psicología (APA) con un premio internacional. (La APA lo invito a presentar sus resultados en la 9th Conferencia bianual de Psicología Social Comunitaria en las Vegas Nuevo México, USA.)

Más tarde, en el 2003, El Sr. Martínez se mudó a Miami, Florida y por 3 años trabajó como consejero asistiendo adultos con problemas mentales que estaban bajo supervisión por la corte de Justicia de la ciudad de Miami-Dade. Posteriormente, en el 2005 se mudó a Maryland para unirse a la YMCA-Programas para servicios juveniles y de familia, y trabajar desde allí en la intervención de pandillas como consejero y especialista en comportamiento en el programa 'Crossroads Youth Opportunity Center'. En la ciudad de Takoma, en la comunidad de Langely Park.

En el 2008, El Sr. Martínez se unió al Condado de Arlington para trabajar como Terapista en la Unidad de Intervención a Crisis y Estabilización para asuntos de salud mental y adicciones en niños y jóvenes de la ciudad de Arlington, Virginia. Desde esta posición, no solo dió tratamiento terapéutico a jóvenes y sus familias, sino que también avocaba por los casos a su cargo ante la corte Juvenil de la ciudad.

En el 2001 El Sr. Martínez fue promovido para ser el representante del Departamento de Servicios Sociales y Humanos en la corte juvenil de la Ciudad de Arlington. Mr. Martínez colaboró en el diseño y formulación de la oficina del 'Court liaison'; y como su primer funcionario ha estado asistiendo las necesidades de salud mental y tratamiento en adiciones de los jóvenes y sus familias. También, desde esta posición ha activamente representado los servicios de DHS en el Comité local antipandillas de la ciudad,

A lo largo de su carrera profesional El Sr. Martínez, ha sido reconocido por parte de diversas instituciones en Colombia y en Estados Unidos gracias a sus esfuerzos y contribuciones en el desarrollo de programas para reeducar y rehabilitar jóvenes en alto riesgo que participan en pandillas y comunidades desplazadas.

Entre sus contribuciones se incluyen; la creación de un modelo para sistematizar experiencias, la generación de un modelo transformar grupos de jóvenes vagos en clubes juveniles, la realización de investigación-acción para organizar e integrar comunidades en conflicto (siguiendo un modelo de transcendencia humana y estrategias grupales); y la participación en el diseño y formulación de la creación de la oficina de 'Court Liaison'-liderando la cooperación entre la corte juvenil de Arlington y el Departamento de Servicios Sociales y humanos en la ciudad de Arlington, Virginia-. (Oficina a la cual fue asignado como su primer funcionario).

En el 2014 gracias a las contribuciones profesionales del Sr. Martínez desde el Comité Local Antipandillas en Arlington, y contribuciones a lo largo de su profesión en temas de prevención e intervención a pandillas, fue nominado y seleccionado (en representación del Comité Antipandillas de Arlington) por parte del FBI, La Casa Blanca, La Jefatura de Seguridad Nacional y el Departamento de Estado para participar en el programa: Central American Impact Exchange (CACIE)

El Sr. Martinez también es autor. Este libro es el segundo que realiza. Su libro inicial fue publicado en Julio del 2012 y es titulado "Las Oficinas de la Juventud. Guía sobre estrategias para la organización, formación y participación Juvenil a nivel local desde las Oficinas de la Juventud. ". Las Oficinas de la Juventud/Amazon. (Las oficinas de la juventud/ibook).

Recientemente, entre el 2014 y el 2016, El Sr. Martinez (como representante del Departamento de servicios sociales y humanos) ha sido invitado por el Comité Local de prevención anti-pandillas de la ciudad de Arlington, para representar al comité en la Academia del FBI en Quántico, Virginia como presentador en la implementación de este Modelo antipandillas en la ciudad y su extrapolación a comunidades latinas, así como temas sobre la mentalidad del pandillero y temas relacionados con programas de prevención e intervención.

9. Bibliografía

-"Assessment Guide." *OJJDP Comprehensive Gang Model*. Institute for Intergovernmental Research, 1 May 2009. Accessed Web. 03 May 2015. <http://www.nationalgangcenter.gov/Comprehensive-Gang-Model/Assessment-Guide>.

-"Best Practices to Address Community Gang Problems." *Best Practices to Address Community Gang Problems* 2 (2010): n. pag. *National Criminal Justice Reference Service*. Https://www.ncjrs.gov, 01 Oct. 2010. Web. 3 May 2015. <https://www.ncjrs.gov/pdffiles1/ojjdp/231200.pdf>.

- "Discover Policing." *Police Jobs in Community Policing*. This Web Site Is Funded through a Grant from the Bureau of Justice Assistance, Office of Justice Programs, U.S. Department of Justice., Jan. 2008. Web. 04 May 2015. <http://discoverpolicing.org/whats_like/community-policing/>.

-Justice, Department, comp. "CITIZEN PERCEPTION OF COMMUNITY POLICING IMPACT." *Public Administration Quarterly* 20.2 (1996): n. pag. *Community Oriented Policing Services*. The President's Task Force on 21st Century Policing, 14 Feb. 2015. Web. 4 May 2015. <http://www.cops.usdoj.gov/pdf/taskforce/02-24-2015/Public_Testimony.pdf>.

-"National Gang Center™." *National Gang Center™*. Web Site Is Funded in Whole or in Part through Grants from the Bureau of Justice Assistance and the Office of Juvenile Justice and Delinquency Prevention, Office of Justice Programs, U.S. Department of Justice, 03 May 2015. Web. 03 May 2015. <http://www.nationalgangcenter.gov/>.

-"OJJDP Strategic Planning Tool." *OJJDP Strategic Planning Tool*. National Gang Center, 01 May 2015. Web. 03 May 2015. <http://www.nationalgangcenter.gov/About/Strategic-Planning-Tool>.

-"OJJDP Comprehensive Gang Model Online Overview Video."
OJJDP Comprehensive Gang Model Online Overview Video. Web Site
Is Funded in Whole or in Part through Grants from the Bureau of
Justice Assistance and the Office of Juvenile Justice and Delinquency
Prevention, Office of Justice Programs, U.S. Department of Justice,
03 May 2015. Web. 04 May 2015.
<http://www.nationalgangcenter.gov/Content/HTML/Online-
Overview/>.

-Prochasta, James, and Janiese Prochasta. "Transtheoretical Model
(or Stages of Change) - Health Behavior Change."
Prochange.com. Prochange Behaviors Systems Inc., 01 May 2014.
Web. 04 May 2015. <http://www.prochange.com/transtheoretical-
model-of-behavior-change>.

-"Planning for Implementation Manual."
OJJDP Comprehensive Gang Model. Institute for Intergovernmental
Research, 01 May 2009. Web. 03 May 2015.
<http://www.nationalgangcenter.gov/Comprehensive-Gang-
Model/Implementation-Manual>.

-"Tactics used overseas in the war on terror are helping law
enforcement take back the streets of Springfield, Mass., from
criminal gangs". Lesley Stahl reports. Published on May 5, 2013
https://youtu.be/d8Ls3YSuICw

-Analysis of C3 Counterinsurgency Inspired Policing, and the Flip
Side of the COIN. Homeland Security Affairs The Journal of the NPS
Center for Homeland Defense and Security, December 2014.
https://www.hsaj.org/articles/3555

www.ingramcontent.com/pod-product-compliance
Lightning Source LLC
Chambersburg PA
CBHW040322010626
45792CB00024B/2091